ACTS AND RESOLUTIONS

OF THE

CREEK

NATIONAL COUNCIL

OF THE

SESSIONS OF MAY, JUNE,

OCTOBER, NOVEMBER AND DECEMBER, 1895.

COMPILED AND TRANSLATED BY

D. C. WATSON.

Scholarly Resources Inc.
Wilmington, Delaware · London

SCHOLARLY RESOURCES, INC.
Wilmington, Delaware • London

Reprint edition published in 1973
First published in 1896 by The Phoenix Printing Co.
Muskogee

Library of Congress Catalog Card Number: 73-88775
ISBN: 0-8420-1722-4

Manufactured in the United States of America

ACTS AND RESOLUTIONS

OF THE

CREEK

NATIONAL COUNCIL

OF THE

SESSIONS OF MAY, JUNE,

OCTOBER, NOVEMBER AND DECEMBER, 1895.

COMPILED AND TRANSLATED BY

D. C. WATSON.

MUSKOGEE:
THE PHOENIX PRINTING CO.,
1896.

ACTS AND RESOLUTIONS

OF THE SESSIONS OF MAY, JUNE, OCTOBER, NOVEMBER AND DECEMBER, 1895.

COMMITTEE OF EIGHTEEN ON CENSUS ROLLS OF 1895.

Be it Resolved by the National Council of the Muskogee Nation: That a special committee, to be composed of six members from the House of Kings and twelve members from the House of Warriors, be appointed to take charge of the census rolls of the various towns and carefully examine the same and ascertain whether or not they are correct, and if any of them are found to contain the names of non-citizens all such names shall be expunged from the rolls and reported separately to the National Council. All the acts of the special committee herein provided for shall be subject to the approval of the National Council.

Approved May 15, 1895.

WHO IS ENTITLED PER CAPITA PAYMENT AND WHO IS DEBARRED FROM.

Whereas, It has become notorious that by questionable and unjust methods and practices many non-citizens have heretofore been counted as citizens and participated in the per capita distribution of the public funds of the Nation; and,

Whereas, Such persons as have in this manner obtained a share in the payments of moneys of the Nation made to her citizens, claim that by such participation they have become fully recognized citizens thereof, entitled to all the rights, privileges and immunities incident thereto, which claim, if admitted, must eventuate in great injustice to bona fide citizens of the Nation; therefore,

Be it Enacted by the National Council of the Muskogee Nation: That the fact alone that any person has at any time participated in the per capita distribution of any of the public moneys of the Muskogee Nation does not make of such a person a citizen of the Muskogee Nation, entitled to the rights and privileges of recognized citizens thereof, and shall not by any authority of the Nation be accepted or construed as evidence sufficiently perfecting and establishing such claim.

Be it further Enacted: The committee of eighteen (18) appointed by act of the extraordinary session of Council, approved May 15, 1895, to examine and correct the census rolls of 1895, are hereby instructed and directed to entertain and consider any and all challenges and questions urged in good faith by any respectable citizen against the claim of any person to citizenship in this Nation, and strike from the rolls and preserve a correct list of all the names so stricken out and report the same to the present session of Council.

Be it further Enacted: That all persons of Creek blood and all adopted citizens of any blood who reside in the Muskogee Nation, and whose citizenship is not questioned, are hereby declared entitled to participate in the coming per capita payment.

Be it further Enacted: That all persons residing in the surrounding Nations, whether Creek by blood or otherwise, who claim Creek citizenship, but have been recognized as citizens by the authorities of the Nation in which they reside, are hereby debarred from participation in said per capita payment.

Approved May 17, 1895.

CITIZENSHIP COMMISSION.

Whereas, The opinion prevails throughout the country that a large number of non-citizens have been enrolled as citizens on the different census rolls that have been made from time to time in the past; and,

Whereas, It is currently asserted, and believed by many, that a large number of claimants who have heretofore appeared before the committees of the National Council on citizenship and other authorities of the Nation and established or obtained recognition of their claim to citizenship in the Nation, accomplished the same by the undue use of money and other fraudulent means; and

Whereas, In all former actions involving the question of the citizenship of any person in the Muskogee Nation this Nation had no representative to appear as attorney to defend her interest in that behalf; therefore,

Be it Enacted by the National Council of the Muskogee Nation, in Extraordinary Session assembled: That a commission, to be styled "The Citizenship Commission," to be composed of five (5) of the most competent citizens of this Nation be and is hereby created, whose duty it shall be to sit as a high court and try, determine and settle all and only such causes as shall involve the question of the right of citizenship of any person in the Muskogee Nation that shall be presented to it, either by claimant or the duly authorized representative of the Nation, as hereinafter provided.

The members of the Commission shall be elected by the present session of the Council, and shall meet as soon as practicable after their appointment and organize by electing one of their number President and employing one competent interpreter and two (2) well qualified clerks. One clerk shall take charge of all census rolls submitted to the Commission, read and compare them with other collatteral matter that shall be presented for that purpose, and shall keep a list of all such matters and documents, and stand responsible for their due preservation. One of the clerks shall preserve a docket and number of all cases and carefully and correctly record all such testimony of witnesses as the Commission shall deem worthy of record; shall carefully and correctly and in due form record all findings of facts and decisions of the Commission, issue all subpœnas, summons and calls for persons or papers ordered by it. When organized as provided, the Commission shall give public notice through all the newspapers published in the Nation of the time and place of its meeting at least thirty (30) days previous to such meeting. Its sessions shall be held in the Council house at Okmulgee, the first of which shall be on the second Tuesday of July, 1895. They may adjourn and meet from time to time, as the interests of their business may seem to warrant, and the presence of a majority shall be sufficient for the lawful transaction of business. They shall have full authority to summon witnesses and call for persons and papers and do all other things necessary and proper to show all the facts in any case that may come before it, and in summoning witnesses the process shall be by notifying the Judges of the several Districts, when he shall in turn subpœna the witnesses desired through their lighthorsemen. All witnesses subpœnaed on part of the Nation shall be paid by the Nation the same per diem and mileage as paid to witnesses appearing before the District Courts in criminal cases; and the Commission shall issue certificates of indebtedness, attested by the signatures of the President and recording clerk, and the National Council, at its next regular session, make appropriation to cover such witness fees.

Be it further Enacted: That all persons who shall appear before the Commission claiming citizenship in the Muskogee Nation, and all others whose names now appear as citizens on any of the census rolls taken at any time, or on any of the public records of the Nation, the validity of whose citizenship shall in good faith be questioned by any responsible citizen, shall be plaintiffs and entitled to the right of counsel and to all other rights usual and incident to the trial of a cause in a court of justice in this Nation. They shall file written allegations before the Commission, setting forth clearly the grounds of their claim and the names of the witnesses they desire to have subpœnaed in their behalf, and shall file a bond satisfactory to the President of the Commission that they will themselves pay their witnesses the same per diem and mileage as paid to witnesses on part of the Nation. And when such allegations and witness bond are properly filed, then the Commission shall subpœna the witnesses for the claimants in the same manner as witnesses for the Nation are subpœnaed; and if any witness, being a Muskogee citizen, shall refuse to obey any subpœna of the Commission or to appear before it when duly summoned, except in case of sickness or other unavoidable hindrance, he shall be fined twenty-five ($25.00) dollars, and no property except improvements, house furniture, and wearing apparel shall be exempt from seizure and forced sale to satisfy said fine. The President of the Commission shall have authority to administer oath, and any witness testifying falsely under oath shall be subject to the same pains and penalties prescribed by Muskogee law for the crime of perjury; and when the attorney for the Nation shall become satisfied that any citizen has sworn falsely in any cause before the Commission he shall promptly report the same to the District Attorney of Okmulgee District, together with such facts as he may have to justify criminal proceedings, and the District Attorney shall, without unnecessary delay, proceed to arraign and try the accused in the court of his District for the crime of perjury.

Be it further Enacted: That in the examination and adjudication of the claims of negroes to citizenship in the Muskogee Nation the provisions of the treaty of 1866 with the United

States shall govern, and the subsequent acts of adoption passed by the National Council shall govern, and in cases of claim to citizenship by reason of Indian blood the act of the National Council as appears in sections 295 to 298, inclusive, of the Muskogee laws, edition 1893, shall govern; and when any case shall be decided in favor of any person by the Commission the plaintiff shall ever afterwards be a full citizen and accorded all the rights of any other citizen. And in any enumeration hereafter to be made of the citizens of the Nation, any person applying for registration, against whose citizenship any question may arise, shall be required to trace his or her origin to the rolls of the names of citizens to be prepared under this act.

Be it further Enacted: That the Principal Chief shall nominate, with the five Commissioners herein provided for, one competent attorney, who shall be well versed in the treaties, compacts and laws of the Muskogee Nation, who shall be confirmed by the Council. His duty shall be to defend the Nation in all cases of claims to citizenship therein which may be filed before the Commission, to the end that no fraudulent claims may be passed by said tribunal. He shall diligently inquire into all cases of suspected fraud in the enrollment of citizens at any time; and if he shall have cause to believe that any person whose name appears on any census roll of any alleged citizens of the Nation, or that any person has heretofore proved his or her rights through fraudulent means, he shall give them due notice and shall move that their names be stricken from the rolls until they shall re-establish their rights through competent testimony to the satisfaction of the Commission. All census before this tribunal shall be decided by vote, and a majority vote shall stand and be the final decision of that body. All points of law contested before the Commission shall be decided in like manner and have the same force and effect as if decided by any other competent court.

Be it further Enacted: That each Commissioner, interpreter, clerk and the attorney for the Nation shall receive a per diem of four ($4.00) dollars during the time they are engaged in the business herein prescribed, together with mileage at the rate of 10 cents per mile in going to and returning from their sessions.

Be it further Enacted: That two thousand and five hundred ($2,500.00) dollars, or so much thereof as may be necessary, be, and is hereby, appropriated for the payment of per diem and mileage of members, interpreter and clerks of the Commission, to be issued in warrants by the Principal Chief upon certificates issued by the President of the Commission.

Approved May 30, 1895.

---

1. *Be it Enacted by the National Council of the Muskogee Nation, in extra session assembled:* That the sum of two hundred thousand dollars, which has been appropriated by the Congress of the United States and placed to the credit of the Creek Nation in the sub-treasury at St. Louis, be, and the same is hereby, set apart for the purpose of making a per capita payment to the citizens of the Muskogee Nation.

2. *Be it further Enacted:* That the National Treasurer of the Muskogee Nation be, and he is hereby, authorized and directed to make the disbursement of the per capita payment to the citizens of the Muskogee Nation at the capitol building.

3. *Be it Enacted by the National Council of the Muskogee Nation:* That the National Treasurer, before receiving any money for the purpose of making a per capita payment, shall be required to execute a good and sufficient bond (nobody but citizens of the Creek Nation shall be accepted as such bondsmen) in the penal sum of two hundred thousand dollars for the faithful distribution and payment of the said $200,000.00 in accordance with the acts of Council of May, 1895.

4. *Be it further Enacted*: That the date for making payment shall be fixed by the Treasurer, of which he shall notify the King or Warriors of each Town as soon as the necessary pay-roll shall have been completed therefor.

5. *Be it further Enacted*: That the Treasurer shall employ such clerical assistance as he may deem necessary to properly disburse the two hundred thousand dollars, and he shall pay such assistants four ($4.00) dollars per day; he shall also have authority to call on two lighthorsemen from each of the six districts to act as guards, and he shall pay the actual lodging and boarding expenses of such lighthorsemen during their service in such capacity.

6. *Be it further Enacted*: That the sum of two hundred thousand dollars be, and is hereby, appropriated and set apart for the purpose of making a per capita payment to the citizens of the Muskogee Nation.

7. *Be it further Enacted*: That the sum of four thousand and five hundred dollars, or so much thereof as may be necessary, be, and is hereby, appropriated out of the general fund and set apart and used for defraying the expenses of making the payment of two hundred thousand dollars per capita payment.

8. *Be it further Enacted*: That the National Treasurer shall issue a certificate to each person the amount due him for services rendered as assistant during the payment, and on presentation of the certificates to the Principal Chief he shall issue a draft to cover the same and shall report all certificates so paid to the National Council of 1895.

9. *Be it further Enacted:* That should any person or persons not being able to come and draw his or her money, giving satisfactory proof to the Treasurer, his or her money can be drawn out by the Council members of their respective towns and shall be required to receipt for the same.

10. *Be it further Enacted:* That the Treasurer shall render to the next regular session of Council a full report of all the work herein provided for.

11. *Be it further Enacted:* That the Treasurer be, and he is hereby, authorized and directed to use what surplus fund may occur by odd cents from the division out of the said $200,000.00 per capita payment, set apart for the purpose of making a per capita payment, to pay express charges bringing money from St. Louis to Creek Nation, and he shall be required to make a report, with the receipts from the express agent, showing the amount paid by him, to the National Council of 1895.

Approved June 1, 1895.

Be it Resolved by the National Council of the Muskogee Nation: That the sum of six thousand dollars out of the $200,000.00 being illegally paid to said Turner and Hord, financial agents, by the Treasurer of the Muskogee Nation, and that the said sum of six thousand dollars being refunded to the Creek Nation in cash or check by the Treasurer of the Muskogee Nation, which money is at C. W. Turner's, at Muskogee, I. T., ready for disbursement of the per capita payment to the citizens of the Muskogee Nation.

Be it further Resolved: That the sum of one hundred and ninety-four thousand dollars in the sub-treasury at St. Louis and the said six thousand dollars, being refunded in cash or check by the Treasurer of the Muskogee Nation, is at C. W. Turner's, at Muskogee, I. T., making a total amount of two hundred thousand dollars, ready for the distribution of the per capita payment to the citizens of the Muskogee Nation.

Approved June 3, 1895.

Be it Resolved by the National Council of the Muskogee Nation: That a committee of three competent persons be elected by the National Council, whose duty shall be to call for and receive all outstanding National warrants and carefully examine and register the same, noting the number, amount and purpose for which issued, and ascertain whether or not any warrant has been duplicated, and no warrant shall be cashed by the Treasurer until it has been examined and approved for. If any duplicate warrants are discovered by the committee they shall retain the same and report them to the next session of the National Council.

Be it further Resolved: That each member of the committee shall, while in actual service, receive the same per diem as members of the National Council, and upon certificate of the Chairman thereof the Principal Chief shall issue warrants to them.

Be it Enacted by the National Council: That a sum sufficient to cover their per diem is hereby appropriated.

Approved June 5, 1895.

COMMITTEE REPORT.

OKMULGEE, I. T., June 8, 1895.

Hon. National Council, M.N.:

GENTLEMEN:—We, your committee of eighteen, appointed to consider and correct the census rolls of the several towns, as handed in by the Town Chiefs, have examined and corrected the forty-seven rolls.

The aggregate number on the rolls is 13,841.

The number enrolled which were stricken from the rolls by the committee as doubtful is 619.

Having completed the work assigned us, we submit this

report and asking that the report be adopted and committee discharged. Respectfully,

M. J. SMITH, Chairman.

MILDRED McINTOSH, Clerk.

Approved June 8, 1895.

NUMBER OF MEMBERS TO BE ELECTED FROM EACH TOWN.

Be it Enacted by the National Council of the Muskogee Nation in extraordinary session assembled: That each town of the Muskogee Nation is hereby required and instructed to base its next general election in September, 1895, for members of the National Council, upon the number of citizens as shown by the census reported by the committee of eighteen to the Council on June 8th, 1895, which is to say, for—

NO. TOWN NAME.	CITIZENS.	K.	W.
1—Coweta	558	1	3
2—Tuckabache	793	1	4
3—Cussehta	441	1	3
4—Euchee	590	1	3
5—Tuskegee	421	1	3
6—Broken Arrow	349	1	2
7—L. R. Tulsa	380	1	2
8—Oeogufkee	240	1	2
9—Kechopatake	306	1	2
10—Thlopthlocco	309	1	2
11—Hickory Ground	343	1	2
12—Eufaula, Candn.	244	1	2
13—Kialigee	219	1	2
14—Nuyarker	208	1	2
15—Lockapoka	214	1	2
16—Thlewahle	199	1	1
17—Tulsa, Candn.	163	1	1
18—Arpehka, N. F.	125	1	1
19—Green Leaf	114	1	1
20—Fish Pond	163	1	1
21—Cheyarha	165	1	1

22—Hitchetee	196	1	1
23—Lukontulahassee	105	1	1
24—Hellabe	105	1	1
25—Artussee	145	1	1
26—Alabama	166	1	1
27—Big Spring	188	1	1
28—Eufaula, D. F.	137	1	1
29—Quassarte, No. 1	76	1	1
30—Quassarte, No. 2	46	1	1
31—Tokpafka	83	1	1
32—Arbekochee	98	1	1
33—Tulwathlocco	164	1	1
34—Okfuske, Candn.	116	1	1
35—Conchnrte	189	1	1
36—Wewoka	87	1	1
37—Okchiye	183	1	1
38—Tulahassochee	58	1	1
39—Okfuske, D. F.	85	1	1
40—Hutchchuppa	187	1	1
41—Tulmochussee	94	1	1
42—Arpehka, D. F.	127	1	1
43—Osochee	75	1	1
44—Tuladegee	139	1	1
45—Arkansas, colored	1934	1	10
46—Canadian, colored	1440	1	8
47—North Fork, colored	1029	1	6

—until some further enumeration shall necessitate a different apportionment.

Approved June 8, 1895.

Be it Enacted by the National Council of the Muskogee Nation: That from and after the passage of this act the mileage of jurors and witnesses attending the District Courts in criminal cases is hereby reduced to five cents per mile each way.

Be it further Enacted: That all acts or parts of acts in conflict herewith are hereby repealed.

Approved October 15, 1895.

ACT APPROPRIATING FOUR HUNDRED THOUSAND DOLLARS.

OKMULGEE, November 21, 1895.

To the National Council:

GENTLEMEN:—We, your committee, to whom was referred the recommendation of the Chief to draw out of our National funds, held in trust by the United States Government, the sum of four hundred thousand dollars, for the purpose of paying in part our national indebtedness and the residue thereof to be paid per capita, would respectfully report favorably on the same, and would recommend the enactment of the following law, to-wit:

SECTION 1. *Be it Enacted by the National Council of the Muskogee Nation:* That the sum of four hundred thousand dollars of the remaining $1,800,000.00 derived from the sale of Oklahoma lands, now standing to the credit of the Muskogee Nation in the United States treasury, shall be withdrawn--one hundred thousand thereof to be expended in payment of our national indebtedness, and three hundred thousand dollars to be distributed per capita to the citizens of the Muskogee Nation.

SEC. 2. *Be it further Enacted:* That the acting Principal Chief is hereby authorized and directed, for and in behalf of the Muskogee Nation, to make requisition upon the proper authorities of the United States, in such forms as may be required by the said authorities, for the payment to our national Treasurer of the Muskogee Nation of the sum of four hundred thousand dollars, out of the monies specified in the foregoing section.

SEC. 3. *Be it further Enacted:* That our National Delegates, who shall be accredited to represent our Nation in Washington the ensuing session of Congress, are hereby authorized and directed to act as the financial agents (in connection with their other duties) of the Muskogee Nation in securing for the said Nation the sum of four hundred thousand dollars from the U. S. Government, for which service they shall not receive any additional compensation, nor shall employ assistance in the discharge of this duty upon the promise of any fee to be paid out of any funds belonging to said Nation.

SEC. 4. *Be it further Enacted:* That all acts or parts of acts, in conflict with the provisions of this act are hereby repealed.

GEORGE TIGER, Chairman.

Approved November 21, 1895.

Be it Enacted by the National Council of the Muskogee Nation: That the act entitled "An Act Creating Office of District Inspectors" approved October 30, 1894, be, and the same is hereby, amended in the following manner to-wit: Strike out that portion of Section 4 beginning with the words, "The tax for common laborers," etc., and ending with the words, "monthly tax of fifty (50) cents," and substitute therefor the following words, to-wit: "The tax on common laborers, renters or tenants on farms, or on clerks or other employes of licensed traders shall be fifty (50) cents per month, and the tax on mechanics, otherwise than as provided for by the licensed tax law, shall be one ($1.00) dollars per month."

Approved November 26, 1895.

Be it Enacted by the National Council of the Muskogee Nation: That should any person or persons be found in possession of a hog that has been recently killed, with its head cut off or its ears recently mutilated in a manner so as to disfigure the ear mark of such hog; or should any person be found in possession of the carcass of a beef that shall appear evident to have been recently killed, and should such person fail or refuse to produce or show the hide of such beef, in good order, for inspection by any person who may demand it, such person or persons shall be deemed and held guilty of the crime of larceny, and upon conviction shall suffer the same penalty as provided for by the law governing larceny.

Be it further Enacted: Should any person find any other person in possession of any hog or hogs or beef or part of a beef, as described in the preceding section, it shall be the duty of such person to at once report the matter to the nearest lighthorseman, and in case a lighthorseman cannot be found at once, then it shall be the duty of such person to call to his aid any person or number of persons he may deem necessary and to proceed at once to examine such hog or hogs or beef or part of a beef, and if, upon examination, the facts ascertained shall be deemed sufficient to secure a conviction, then such person shall report the same to the Prosecuting Attorney of the district in which the crime has been committed.

And be it further Enacted: That when a conviction shall have been secured for the violation of the above law, and the rightful owner of such hog or hogs or beef cannot be ascertained, the value of the hog, hogs or beef shall be fixed by the Court and the Court shall order the lighthorsemen to proceed and collect the value as fixed by the Court from the person so convicted and turn the amount over to the witness or witnesses that caused such conviction.

Approved November 26, 1895.

AMENDMENT TO PRISONER'S BOND.

Be it Enacted by the National Council of the Muskogee Nation: That Sec. 140, page 54, Creek Laws, edition of 1893, be so amended that the words "within twenty days" be stricken out and the words "within five days" substituted therefor.

Approved November 29, 1895.

Be it Resolved by the National Council of the Muskogee Nation: That, as there appears to have been enrolled some names of children yet unborn, the members of the different towns are required to erase all such names from their respective census rolls.

Approved November 30, 1895.

Be it Enacted by the National Council of the Muskogee Nation: That all warrants issued by L. C. Perryman after his suspension from office by this body, or since June, 1895, shall be null and void and of no account, and the Treasurer is hereby directed that he shall not pay any of the above-named warrants.

Approved December 4, 1895.

Be it Resolved by the Conference Committee of the National Council: That all children that were born between the dates of June 8th and September 24th, 1895, and also all citizens who were omitted from the census rolls last taken are hereby entitled to participate in the present per capita payment.

Approved December 4, 1895.

Be it Resolved by the National Council of the Muskogee Nation: That the National Treasurer is hereby notified and directed to not pay warrants numbered 8250 to 8291 and also

8291 to 8316, but shall, if possible, ascertain by whom they issued and to whom issued and report the same to the Principal Chief.

Approved December 13, 1895.

AN ACT CONVERTING FOUR HUNDRED THOUSAND DOLLARS INTO NEGOTIABLE BONDS.

Be it Enacted by the National Council of the Muskogee Nation: That the Congress of the United States be, and is hereby, requested to authorize the Muskogee Nation to sell, transfer and assign $400,000.00 of the proceeds of the sale of Oklahoma, now invested with the United States Government, together with the interests to accrue thereon from January 1st, 1896, and to make said principal, $400,000.00, payable within not less than twenty years from said date of January 1st, 1896.

Be it further Enacted: That the said delegates be and are hereby authorized, empowered and directed to do everything that may be necessary to be done by the Muskogee Nation to carry into effect the provisions of Section 1 of this act, to make the necessary transfer and assignment for the Muskogee Nation, and have the money placed to the credit of the Muskogee Nation, subject to its orders, and any and all acts of said delegates as herein authorized shall be taken, and is hereby declared to be the authority of the Muskogee Nation.

Approved December 13, 1895.

INTRUDER LAW.

Be it Enacted by the National Council of the Muskogee Nation: That all non-citizens residing in the limits of the Muskogee Nation not in accordance with XV Article, treaty of 1856, and permit law of the Muskogee Nation, are hereby declared to be intruders, and the Principal Chief be, and is hereby, authorized and instructed to use all means, by and with the assistance of the United States Indian Agent, to eject all such intruders from within the limits of the Muskogee Nation.

Be it further Enacted: That the District Inspectors shall furnish to the Principal Chief the names of persons, and their occupations, who are residents of their respective Districts contrary to treaty stipulations and to the permit law of the Muskogee Nation.

Be it further Enacted: That the sum of three thousand ($3,000.00) dollars be, and is hereby, appropriated and placed at the disposal of the Principal Chief, who is required to make an itemized report of the disposition of said sum to the October term of the National Council, 1896. The Principal Chief is hereby authorized to issue warrant or warrants to the amount not greater than one thousand ($1,000.00) dollars of the above said sum of money, and after such expenditure is made, then in his judgment necessary to issue warrant or warrants of the balance of the said appropriation, he may do so for the purpose of carrying the foregoing acts into effect.

Approved December 18, 1895.

Este Maskoke Tvlwv Vlke

KE HVSE-KVCO HVSE-OTVOSKV RVKKO

MOMET

EHOLE-RVFO RVKKO 1895 OMOF

NVKAFTE VHAKV HAHICVTE

D. C. WATSON,

TVLWV VLKE VHAKV EMETOHTVLHOECV

ETOHTVLHOECVTETOS 1895 OMOE

MASKOKOCE ESTECATE EMEKVNV
Phoenix Printing Co., Svnoricvtet os
1896 omof

1895 OFV ESTEV-HVNKVTKV OHHVKETECVLKE KVMETTE 18 HAKAT.

Este Maskoke Tvlwv vlke Nvkafte vkerrickv hayat: Kvmette kerkoset Mekkvke Encokon enwiketv epaket asossen Tvstvnvkvlke Encokon enwiketv palen hokkolohkake assosen ohmelletvt hakekvs Etvlwv mvrahrvkv este-vhvnkvtkvn escahewt vhnericet ohhvketecvren, momet fvtcvkvtot monkatew kerrvkvres, momen tvsekiyvlke tokon esvhvnkvtetis enhocefhokvt sasen omat este hocefhokv mv momakat este vhvnkvtkvn enkvpvyecicet etekvpvken Tvlwv Vlke Nvkvftan emohkerkoecvkvres. Heyv ofv Kvmette Kerkose etetahketo Sehokat nake vfvstakat vtekat Tvlwv vlke Nvkvftet semohhvkvsamet omvranen vheckvt omvres.

Ke Hvsse ent 15, 1895, Ohhvkvsvmkv haket os.

ESTIT EKV-FEKETV ENHECKEN HVTVM ESTIT ENHECKVRANEKAT.

Este Maskoke Tvlwv Vlke Nvkafte vhakv hayat: Este estomet Este Maskoke Etvlwv encvtokna'p tvleme ekv-feketvn estofvto estomis v-wahlepaten vpvket cvtoknawv cawe ocvteto vtekosat mv este momat tat Este Maskoke Etvlwv entvsekiyvn hayet tvsekiyv eenakoehoce sasat nake fvtcetv enakoecat etvpomen emetektunecet omekot os, momen mv momvte omecicen asenfvtceckv tetayvr tayen ocepet os komet Etvlwv ofv enwiketv yekcetv oce estomet emeset eme-enakoecekot omvres tvsekiyv hayvre svrahkv.

Ohhvtvlake vhakv hakat: Tvlwv Vlke omahv Nvkafte 1895 ofv este-vhvnkvtkv hakvte ohhvketece emvhericvre vhakv eshaye enwiketv 18 Kvmette ohmelliye Ke Hvsse ennetta 15, 1895, ohhvkvsvmkv hakvte sehokaten emvcahnet ohhecicetos este estomet heyv Etvlwv tasekiyv toyis emaket hoeresasen tvsekiyv este momvr tayet vkerrickv oorosen esvnrvpkv lomhicet nak vpohkv hahicat vtekat emeenakoecet aemeset ohhvkerricet este vhvnkvtkv enkvpvken esossicet, mv mome este hocefhokv sossicat eskerkv hayet ohmet hiyome Tvlwv Vlke Nvkaften emohkerkoecvres.

Ohhvtvlake vhakv hakat: Este Maskoke ecatv oce este hoerat vtekat momen ecatv estomepeto estomis tvsekiyv eohhvpvke hahoyvteto vtekat, Este Maskoke emetvlwv ofvn vpoketot tvskiyv em-vnrvpkvt sekon omat hiyome ekv feketv heckvranat enheckvkvres.

Ohhvtvlake vhakv hakat: Etvlwv pomvfolote sasate ofvn Este Maskoke tvsekiyv toyes e-makaket omatet mv Etvlwv ohhvpopokate enwiketv sehokatet tvsekiyv e-enakoecepet oman okaken omat mv 'kvfeketv enheckvkvre hioymat heyat sentacket os.

Ke Hvsse ennetta 17, 1895, Ohhvkvsvmkv haket os.

TVSEKIYV-HAYVLKE ENKVMESENV.

Montos Etvlwv ofv hvmecicet vkerrickvt nekeyet omatet tvsekiyvlke tokvkekis este vhvnkvtkv mvrahrvkv sasaten tvsekiyv omet esohhvhvnkatket vtecicosvmmvlket os kometat ont omen.

Momet tvsekiyv toyes emake sehokat vnvcomet Tvlwv vlke Nvkaftate Tvsekiyv Hakvlke Enkvmete ehomvtot mont enwiketv remetvkv Etvlwv ofv sasat ehomvtis sehokvntot vpohaken e-enakoehocen tvsekiyv hakaket, cvtoknawv esevnickv eteropottetis monkat vkerretv rem etvkv etehoyvnetis asohceyihocen vtosvmmvlket omen.

Momet enhomv Maskoke Etvlwv entvsekiyv hayetv vfvstetv ocaken vteciceto estomis heyv Etvlwv vrahkv hoere emvnice nake esenhervre emoponvyvre Vhakv Hayv ome ocvte sekot ont omekv. Hiyomat,

Maskoke Etvlwv, Tvlwv Vlke Omahv Nvkvftetv Nvkafte kake vhakv hayat: Kvmesvt, "Tvsekiyv Hakvlke Enkvmesenv" kihocet, heyv Etvlwv entvsekiyvlke momvkvr herake mahat (5) cahkepet mv ofv sehoket omvranet hiyomat haket os, momet emvtotketvtat Fvt-cec-kv Hvlwen vpoket omet este estomet Maskoke Etvlwv ofvn tvsekiyv enfvtcetv ocvyet omes komet eyoponvyece hoerattolt monkat vrahkv hoeresasetis ehomvn enlomhicen omat mv vpohkv hahoyeto ocat vcepehe oppnvkv lomhate vtekosen vfastet, ohhvkerricet enfvtcecaket omvres. Kvmesvnvlke sehokvranat hiyome Tvlwv Vlke Nvkvftatet temvrkvn hayet enwiketv asehoyvres momet ohmellvk hohye emohyopv enlvpka estomosen nvkvfte tayen omat nvkvfitet momet mv vpvke hvmkvteken setemontvlkvn hayet ohliketv Emohlikv hayaket eetetakoecet, mont yvtekv momvre heret hvmken cokv hayvlket hokkolen (2) momvr hneraken palet omvres momen mv cokvhayvlke kvmesvnvlke nak vfaste fvtcece vyecicakat vtekat omvlkvn eskerkv hahicet vcvyecaket omvkvres. Etetakoece ocate vcvkkvyen e-etetakoecahkof tat Etvlwv ofv Cokv Tvlemoecvlke sasat teropotten netta estofvn momet estvmvn etenvkvftvranet on omat mv melletv hayakat em-e-homv netta pale (30) totcene vhosken estvlemoecvkvres. Ennvkvftetvtat Okmolke Tvlwv Vlke Ennvkvftetv Coko ofvn omvres; enhvteceskv nvkaftat Hiyoce ofv Coste svhokkolat 1895, omofvn omvres. Emvtotketv vyecicen estomet emayate vevkvyen vwahvntot hvtvm nvkaftet vyecicaket omvres, momen ennvrkvpv hoyvnet etenvkaften omat vhakv vcvkvye nak vfvstetv vyecickv oricet omvres. Akerrvlke momet estetot momet cokv omakis ohhoehke vpohetv yekcetv sohfvcken ocvket omet momet nak remetv omvlkvn nake vfvstetv ehomv enyiceto vtekat momvr taye nake enfvtce esheckoecvke tayat vtekat momecaket omvres, momen akerrvlke ohhoehketv hayat tat Kvntvckv mvrahrvkv Enfvtcecvlken enkerkoecen vyoposke Emecorvkkohkakvlke eteropotten ohhoehket omvres akerrvlke eyahocan. Etvlwv vrahkv akerrvlke ohhoehhokat vtekat vhakv-kacvlke emvfvshote Kvntvckv Fvtceckv ehomv akerrvlke svpakle netta vrahkv momet vkerkv vrahkv enfehokvto etvpomen Etvlwvt enfeket omvres; momen Kvmesvnvlket cokv asfvtceckvn emvhoera esenhakat vrahkv ohliketv emohlikv momet cokv hayv tepakat em ohsatvken semossicet omvres, momen mocv Tvlwv Vlke Ennvkvftetv mahhe Nvkaftofvt mv akerrvlke enfeketv ohranc tayen enfiyecicvres.

Ohhvtvlake vhakv hakat: Maskoke Etvlwv tvsekiyv toyes make Kvmesenvlke ehomv este sehoketo vtekat, momet hiyome tvsekiyvto ome este vhvnkvtkv ocvke tayat ofv enhocefhokv estofvto estomis cvwhoyvte ocaket tot, monkat Etvlwv ennakvfvstetv eskerkv hayvkvte ocate ofv hocefhokv ocakattis, tvsekiyv estomis momvr tayet mv tvsekiyv omvke sehokat enfvtcetv estomvken ocaket omat vpohkvn oponvkvn enhayeton omat, est oponvyehocvlket omvres, momen Heyv Etvlwv ofv Fvtceckv ehomn, e-oponvyepe ecnfvtce-ce-petv emetektvnkvket omvres. Emeyoponvyeckv estomvken nanvken esemohhoeretv ocaket omet tvsekiyv toyes komaket ont on omat ohhvyayakosen escoyvkvten, momet akerrvlke estomvken eme vrakv em ohhoekokvren komaken omat Kvmesenvlke ehomvn eskerkv enwvkecaket omvres, momet aenkerrvlke Etvlwv vrakv vkerrvlke netta vrahkv momet vkerkv vrahkv enfehokat etvpomen eme mahosat enfekepeyvres makaket cokv Sehvlvtkvn Kvmesenvlke ohliketv Emohlikv Semahlvpvtken hayaket omvres. Momen mv mome em eyoponvyepkv tot momet akerrvlke vrahkv cokv sehvlvtkv yomakat eskerkvt etetake-poken omat, momosen Etvlwv svrahkv akerrvlke ohhoehkvte etvpomet mv tvsekiyv ehaye sehokat a-enkerrvlke, Kvmesenvlket emohhoehket omvres; momen akerrv estomet Maskoke tvsekiyvt omatet enokketot monkat nak rem etv estomesko taye vnvttecv omecicat tokon Kvmesenvlke ohhoehketv hahyen mv vcvkvyen enkerkoehocet omvten emapohicekot monkat chomvn hoerekon omat, cvtoknawn pale (25.00) hokkolen cahkpohkaken fekepoehocet omvres, momen nak-ockv estomen este emvtotketv hayepe ocepattokot, coko-of-vtehkv tokot momet atcosvke tokon omat mv feyickv sohfvcecetv svrahkv encawe em ohwieyetv sohyekcickv sentackat sekot omvres. Kvmesvnvlke ohliketv emohlikv este enke Kvwvpepoeckv Yekcetv ocet omvres, momen akerrv estomet enke kvwahpof nak fvtcekon kerkoecen omat Maskoke Emvhakv akerrv laksv emvhakv kacvlke svfvstetv ocate etvpomen ehvlvtepoecet eyoricet omvres; momen Etvlwv emvhakvhayvt tvsekiyv estomen fvtcekon enke-kvwvpkvn Kvmesenvlke ehomvn hayetos nake esvrahkvn esemahlvpvtket komen omat vhelvpket mv vhakv kvckv vfvstetv esvyecicvke tayat asfvtceckv vpvken Okmvlke Kvntvckv em Vhakvmvnicvn enkerkoecet omvres, momen vhakv-mvnicv nak momvr taye emvnvttecvt sekon omat momosen esenkerkv etetakoehcet Emekvntvckv Enfvtceckv ofvn mv este vtvwkv enhake hoeran akerrv laksv emvhakvn esoponvyecet omvres.

Ohhvtvlake vhakv hakat: Este-lvstvlke Maskoke Etvlwv tvsekiyv vpohkv hayake emvketeckv enhayake enfvtcecat ton omat Wvcenv Etenfvtcetv ohrolope 1866 omof hakvte emvheckv ocakatet seenfiyvtkvt omvres; momen mv vcvkvye e-ohhvpvke hayetv vhakv Tvlwv Ulke Nvkvfte hoyvnhoecvtet se-enfiyvtkvt omvres; momen Estecate ecatv ta-te vcvkvye tvskiyv vpohkv hahakat vrahkvtat Tvlwv Ulke Nvkafte vhakv hayvte setentvcke emvhvnkvtkv 295 momen 298 ofv Maskoke Etvlwa emvhakv ohrolope 1893 svhotopkvte ocatet se-enfiyvtkvt omvres, momen nak oponvyeckv estomen kvmesenvlket fvtcecet on omat mv opovnyecv hoervte eryopv ayat estofis tvsekiyv sohfvcket omet tvsekiyv remetv fvtcetv ocate etvpomen ocet omvres. Momen hiyome eryopv ayat Etvlwv tvsekiyvlket este vhvnkvtkv hayewiten este estomet mv vhvnkvtkvn ohhvpvketvn vpohesaset omaten, tvsekiyv toyis komate vnrvpecet oponvkvt kvwapke witen omat, heyv vkakv emelecv este vhvnkvtkv etetaıkvane ocate tvsekiyv hocefhokv ocakaten eravlicecet mv este eraelentet omvres.

Ohhvtvlake vhakv. hakat: Vhakv hayv momvr taye Tenfvtcetv ocakat tot, estecatvke metenfvtcetv tot momet Maskoke Etvlwv emvhakvtis em oh kerke hneren Tvlwv Vlke Nvkvftet Setemon-tvlkvn hayet ahoericvres. Emvtotketv tat Etvlwvn emvpvyecet entvsekiyv haketv vpohkv Kvmesenvlke ehomv eskerkv enlomhat vtekat omvlkvn mv enwiketv kakat vpohkv fvtceko hahoyetis hoyvnhoecekaren vteken vketecet omvres. Estofvton este vhvnkvtkv hahakvteto estomis vkerretvn sohceyvtet os kometvtis oceto vtekat vhnericet vpohkv ohhahicet omvres. Momen Etvlwv entvsekiyvlketo hneret os komhoye este vhvnkvtkv ocakate estomis enhocefkvt ohliket omvtet, monkat este estomet vkerretv·eteropotten fvtcetv eenheckoecvtet os kometv se okepkv hneren ocis komen omat, heren enkerkvkoehcet, mv enhocefhokv vhvnkvtkv ohhvpakvten sossihocvren ohnekeyet omvres. Momen ayen Kvmesenvlke Semahlvpvtken asfvtceckv momvkvr hnerake teropotten fvtcetv e-en heckoecahke tvlket omvres. Heyv enwiketv ehomv nak fvtcecetv ocat vtekat Setemontvlkvn esfvtcecaket omvres, momen ensolke semontalatet mv este kakat enfvtceckv reslatkosat omvres. Kvmesenalke ehomv vhakv emvheckv vtekat temoponvyeckvt ocet on omat Fvtceckv remetv momvkvr taye nake fvtčehoce etvpomosen momet enyekcew matvpomen Fvtcecaket omvres.

Ohhatvlke vhakv hakat: Kvmesenvlke svrahrvkvt, yvtekv, cokv-hayvlke momet Etvlwv Emvhahv-Hayv, esyomat svrahrvkv heyv ofv emvtotketv enhahice ocat vcvkvye vtotkake sehoke em ofv netta vrahkv cvtoknowv ($4.00) oste vlket feketv enheckaket omet vkerkv vrahkvt en nvkvftetv vpeye rorice hvtvm rafolecvt vker-kv hvmkat hoporrenkv (10) palat vpvket omvres.

Ohhvtvlake vhakv hakat: Kvmesenvlke vpvke sehokat, momet en yvtekv, en cokvhayvlke esyomat netta vrahkv momet vkerkv vrahkv senfeketvt Cvtoknawv Cokpe Rvkko ($2,500.00) Hokkolen Cokpe cahkepen monkat mv a-osse estomoset tetayvr tayat hiyomat enfiyecicet os. Kvmesenvlke ohliketv Emohlikv cokv asfvtceckv sossicvten cvtoknap escvwkvn Tvlwv Vlke Emmekot sohfekvres.

Ke Hvsse ent. 30, 1895, Ohhvkvsvmetos.

---

1. Maskoke Etvlwv, Tvlwv Vlke Omahv Nvkaftetv etenvkafte kake vhakv hayat: Wvcenv Tvlwv Vlke Nvkvfte Cvtoknowa Cokpe Rvkko Cokpe Hokkole fiyecihce Maskoke Etvlwv esvrahkv St. Louis, Cvtokmap-hotte likate ofv enlicvte likat, Maskoke Etvlwv entvsekiyvn ekv feketvn, enfekvre svrahkat senkerhoecet os.

2. Ohhvtvlake vhakv hakat: Maskoke Etvlwv Tvlwv Vlke Encvtoknap Vfastv Tvlwv Vlke Ennvkvftetv Coko mahosan Maskoke Etvlwv entvsekiyvn ekv feketvn a-enfekvren Yekcetv emet enkerkoecet os.

3. Maskoke Etvlwv, Tvlwv Vlke Nvkafte vhakv hayat: Tvlwv Vlke Encvtoknap-vfastv, ton omat, ekv feketv hakvranate cvtoknawv hvte enke ofv enhakeko monken cokv sehvlvtkv here, momvr tayen hahyet omvres, esti tokot, Maskoke Etvlwv tvsekivlket aensehokv cokv sehvlvtkv hayvket ometvlken e-enakoehocet omvres, Ke Hvse, 1895, Nvkvftetv ofv vhakv hakvte vcvkkvye, mv cvtoknawv Cokpe Rvkko Cokpe Hokkole maketv fvtcv heren estvwahlet omvreto svrahkvt, cvtoknawv enrahkv Cokpe Rvkko Cokpe Hokkolen ehvlvtepoecet omvres.

4. Ohhvtvlake vhakv hakat: Estofvn afeketv haket omvranat Cvtoknap-Vfastvt netta hoerickv etetakoecvres; momet afeketv este vhvnkvtkvn etetakoehocan vpakosen Etvlwv svrahrvkv Mekkvkė tot monkat Tvstvnkvlken enkerkvkoecvres.

5. Ohhvtvlake vhakv hakat: Ma Cvtoknawv Cokpe Rvkko Cokpe Hokkole afeketv hayvranate emvnicv estomomoset

omofvn tayvres komen omat cokv-hayv pahlet omvres, momet mv emvnicv netta hvmkat Cvtoknawv ($4.00) Osten enfeket omvres; Vhecicvlke taranan Ekvn-warke epakat svrahrvkv Corvkkohkakv hokkole vlke awolken ohhoehkvre Yekcetv ocet omvres; mv Corvkkohkakv mome vtotke sehoke emofv coko estenfekhonnvkepe momet estenhompake vhoerv esenhahakatto herat tat emenfekvres.

6. Maskoke Etvlwv, Tvlwv Vlke Nvkafte vhakv hayat: Cvtoknawa Cokpe Rvkko Cokpe Hokkolen, Maskoke Etvlwv entvsekiyvn ekv feketvn enfekvranet hieyomat enfiyecihcet licet os.

7. Ohhvtvlake vhaka hakat: Cvtoknawv Cokpe Rvkko Cokpe Hokkole ekv feketv afehoke em ofv vhoerv esenhakate esohfeketvn Cvtoknawv Cokpe Rvkko Osten Cokpe-Cahkepen, monkat mv ohfvtcv estomoset tetayvr tayen omatew hiyomat fiyecicet licet os, Tvleme aossen.

8. Ohhvtvlake vhakv hakat: Ekv feketv hahoye emofv vnicvlke vtotkakat este esarahrvkvn Tvlwv Vlke Encvtoknap vfastvt cokv asfvtceckvn semossicvres momen mv cokv asfvtceckvn Tvlwv Vlke Emmekkon enlomhihocof mv esvrahkvn cvtoknap escvwkvn semossicet omvtetot Tvlwv Vlke 1895, Nvkaftofvn cokv asfvtceckv estomosen ohfekvten omat omvlkvn emohkerkoecvres.

9. Ohhvtvlake vhakv hakat: Este estomet monkat este estomvket ahte encvtoknawv yecvwepetvn omeko witis ocet on omat estont omen naket omecicat sohfvtceckvn Cvtoknap vfastvn enheckoecaken omat, mv este momakat Etvlwv Svrahrvkv Encoko vtehkvlket cvtoknawv en cvwake tayet omvres, momet cokv vyoposke estensataket omvres.

10. Ohhvtvlake vhakv kakat: Cvtoknap vfastv mocv Tvlwv Vlke Ennvkvftetv mahhe Nvkaftofvn heyv ofv emetetakoece ocakate vcvkvye vtotketv hahakvteto vtekat omvlkvn sohfackosen emohkerkoecvres.

11. Ohhvtvlke vhakv nakat: Cvtoknawv Cokpe Rvkko Cokpe Hokkole ekv feketv hayetv svrahkv svkerrihohce likat etekvpihoce mv a osse hoporrenkocvtis ocewitat cvtoknawv St. Lovis esawe Este Maskoke Emetvlwv esyice akoehoyat esohfeketvn eseyvnicet omvren Cvtoknap vfastvn Yekcetv emet enkerkoecet os, momen nak conecvlke emestvcako es tomosen emohfekaken cokv vyoposke emvkhoyvten omat Tvlwv Vlke 1895 Nvkaftofvn emohkerkoecvres.

Kvco Hvsse ent. 1st, 1895, Ohhvkvsvmkv haket os.

Maskoke Etvlwv Tvlwv Vlke Nvkafte vkerrickv hayat: Cvtoknawv Cokpe Rvkko Cokpe Hokkolat a-osse Cvtoknawv Cokpe Rvkko Epake vhahv vcvkvyeko Maskoke Etvlwv Encvtoknap-vfastv Turner and Hord, financial agents, kicetv sehokate a-enfekvte mv cvtoknawv Cokpe Rvkko Epake maketv cvtoknowvtot monkat cvtoknap eshvlvtkvtis Maskoke Etvlwv a-ohfolecihoce Maskokoce, C. W. Turner cvtoknawv licat Maskoke Etvlwv entvsekiyv ekv feketv vwahletv etetaket liket omen.

Ohhvtvlake vkerrickv hakat: Cvtoknaphotte St. Louis likat ofv Cvtoknawv Cokpe Rvkko Cokpe Hvmken Cokpe Rvkko Pale Ostvpaken Ostohkake vpikan momet mv Cvtoknawv Cokpe Rvkko Epake Maskoke Etvlwv Encvtoknap-vfastv cvtoknawvtot monkat cvtoknap eshvlvtkv afolecicate Maskokoce C. W. Turner lican etohkvlkat omvlkat Cvtoknawv Cokpe Rvkko Cokpe Hokkolat oricet Maskoke Etvlwv entvsekiyv ekv-feketv vwahletv etetaket ont os.

Kvco Hvsse ent. 3, 1895, Ohhvkvsvmkv haket os.

Maskoke Etvlwv Tvlwv Vlke Nvkafte Vkerrichv hayat: Este momvkvr-herake totcene kvmeten setemon-talet Tvlwv Vlke Nvkaftatet hayekvs, mv emvtotketvtat Tvlwv vlk en cvtoknap-escvwkv sossicvkvte sasat omvlkvn vpohet mont cawet vhericet ohhvketecet eskerkoecet, emvhvnkvtkv, momet enrahkvw estomoset omet mont nake esvhrahkvn ossicvkvtet omat eskerken, momet cvtoknap escvwkv estomen empvlse ossicet monkat ossihocekaten omatew vketecet, momen cvtonap escvwkv estomen ohhvketehcet ohh-kvsvmkv hahoyekoto vtekat Cvtoknap-vfastv cvtoknawv sohfekekot omvres. Cvtoknap-'scowkv estomen etempvlse oce ossicvkvten kvmetet esohfvtcecen omat fekhonnicakvtetot mocv Tvlwv Vlke Nvkaftofvn em ohkerkoecvkvres.

Ohhvtvlake vkerrickv hayat: Mv kvmete sehokat svrahrvkvt, vtotke sehoke em ofv-tat Tvlwv Vlke Nvkaftvlke enwiketv netta vrahkv enfeketv etvpomoset feketv enheckaket omvres, momen ohliketv emohlikvt cokv asfvtcekvn emakofvn Tvlwv Vlke Emmekkot cvtoknap-escvwkvn semossicet omvres.

Tvlwv vlke vhahv hayat: Netta vrahkv sem ohfekvk hoye tayat semetetayvr-tayen hiyomat enfiehocet os.

Kvco Hvse ennetta 5, 1895, Ohhvkvsvmkv haket os.

KVMETTE EOHKERKOECAT.

OKMOLKE, Etvlwv, Kvco Hvse 8, 1895.

Vrakkoecvke Tvlwv Vlke Nvkafte 'Stehonvntake Kakeckat:

Cenkvmette palen cenvpohkakeye Etvlwv vnvcome Tvlwv Emmekkvke este vhvnkvtkv ascehoecvte ohhvkerrice emvhericeyvre epohmeleckvnke toyeyat, Etvlwv Pale oste kolvpohkakat ohhvketehcet emvhericet omes.

Este vhvnkvtkv omvl tohkolkat 13,840 omen.

Orvkekot os kome kvmette esossicat emvhvnkvtkv 619 os.

Vtotketv epohwakkvte respoyet omet. Heyv eohkerkoeckv

cenwakecet pomeyohkerkoeckv pome-enakoehcet porecopeckvren cempoheyet os.

MOSE 'SMETKV, Ohlik'tv ohlikv.

MELLE MUKENTASE, Cokv hayv.

Kvco Hvse ent. 1895, Ohhvkvsvmkv haket os.

ETVLWV SVRAHRVKV ENWIKETV NVCOMAKEN ASVPVKLECET OMVRANAT.

Este Maskoke Tvlwv Vlke omaha Nvkafte vhakv hayat: Este Maskoke Etvlwv ofv Etvlwoce svrahrvkv mocv temvrkv otaoskoce 1895 omofv ocvranat Tvlwv Vlke Nvkaftvlke enwiketv hahicat, tvsekiyv ensolke nvcomaket omakat kvmette pale cenvpohkakat este-vhvnkvtkv Kvco Hvse ennetta 8, 1895, omofv Tvlwv vlke-em-ohkerkoecvte ocate vcvkvyen esohsehoket omvkvren hiyomat kicet emvcahnet os, hiyomvken omvteton—

	Tvsekiyv.	Mek.	Tvstvn.
1—Kvwetv	558	1	3
2—Tokepahce	793	1	4
3—Kvsehtv	441	1	3
4—Yotce	590	1	3
5—Tas ke ke	421	1	3
6—Re kac kv	349	1	2
7—Vcenv Hvtce Tvlse	380	1	2
8—Oe'okofke	240	1	2
9—Keco Pvtake	306	1	2
10—Rap Rvkko	309	1	2
11—Ocevp' Ofv	343	1	2
12—Yofalv Kvnete	244	1	2
13—Kilice	219	1	2
14—Noyakv	208	1	2
15—Locv Pokv	214	1	2
16—Rewahle	199	1	1
17—Tvlse Kvnete	163	1	1
18—Apehkv Oktah-hvtce	125	1	1

19—Vsse-lan-vppe	114	1	1
20—Rvro Kvlkv	163	1	1
21—Ceyahv	165	1	1
22—Hecete	196	1	1
23—Pvkvn-tvllvhasse	105	1	1
24—Helvpe	105	1	1
25—Atvsse	145	1	1
26—Vlepamv	166	1	1
27—Oe'ki' Rvkko	188	1	1
28—Yofalv Hvtce Sofke	137	1	1
29—Kowassate, No. 1	76	1	1
30—Kowassate, No. 2	46	1	1
31—Tokpafkv	83	1	1
32—Apehkoce	98	1	1
33—Tvlwv Rvkko	164	1	1
34—Vkfvske Kvnete	116	1	1
35—Kvncate	189	1	1
36—Oe' Wohkv	87	1	1
37—Okciye	183	1	1
38—Tvl-vhassoce	58	1	1
39—Vkfvske Hvtce Sofke	85	1	1
40—Hvtce Cvppv	187	1	1
41—Tvlmocvsse	94	1	1
42—Apehkv Hutce Sofke	127	1	1
43—Osoce	75	1	1
44—Tvlvteke	139	1	1
45—Akensa Lvslatv	1934	1	10
46—Kvnete Lvslatv	1440	1	8
47—Oktah' Hvtce Lvslatv	1029	1	6

—mocv hvtvm este vhvnkvtkvn hahoyen omof momvr tayet ocen omat eremvrahket omvres arahrvkv.

Kvco Hvse 8, 1895, Ohhvkvsvmkv haket os.

Este Maskokv Tvlwv Vlke Nvkafte vhakv hayat: Heyv vhakv eshoyanat vteke eryopv ayat vhakv kacvlke vrahkv colvlke momet akerrvlke Kvntvckv Enfvtceckv vfollat vkerkv vrahka enfeketv a-enkvcket vyetv estvmi-vlkis vkerkv hvmkat hoporrenkv cahkepet haket os.

Ohhvtvlake vhakv hakat vhaka temvpoketot monkat vhakv

vpvlwosetis heyv vhakvn vnrvpet sasen omat hiyomat omvlkvt kvcekepet os.

Otvoskv Rvkko 15, 1895, Ohhvkvsvmkv haket os.

CVTOKNAWV $400,000 FIYECICAT.

SETENTVCKE 1. Este Maskoke Tvlwv Vlke Nvkafte vhakv hayat: Oklvhomv ekvnv wiehoye esheckvte cvtoknawv $1,800,-000 ervhoske hiyome Este Maskoke Etvlwv esvrahkv senkerke Wvcenv encvtoknap-Hotte ofv enlikaten cvtoknawv cokpe rvkko cokpe osten aossihocvres—cokpe rvkko cokpe hvmkan Tvlwv Vvlke emvhoervn esohyvmahkoehcet, cvtoknawv cokpe rvkko cokpe totcenan Este Maskoke Etvlwv entvsekiyvn ekv-feketvn vwahholvres.

SET. 2. Ohhvtvlake vhakv hakat, hiyome Tvlwv Vlke Em-mekko vrahkv vtotke likatet Este Maskoke Etvlwv vrahvn cvtoknawv cokpe rvkko cokpe osten heyv enhomv setentvcke hvmkate ofv cvtoknawv kerke vrvhece ocat a-ossen Wvcenv Enwiketv momvkvr tayatet Este Maskoke Etvlwv Encvtoknap Vfastvn a-enfekvren, mv este enwiketv momakat makatet vpohkv enheckv estomen emvye estomen eyacet on omat mv vcvkvyen vpohkvn enhayvren hiyomat Yekcetv emet momet ohhecicet os.

SET. 3. Ohhvtvlake vhakv hakat: Mocv Wvcenv Tvlwv Vlke Nvkvftvranat, Tvlwv Vlke Entvlekesvlke Pometvlwv vrahkv Wasentv Etvlwv ofv sehokvrane yekcetv ohwvkike seho-kat, (emvtotketv rem-e-tvkv ocakat) vlvcen Este Maskoke Etvlwv vrahkv cvtoknawv enheckoecvlke enwiketvn Yekcetv emet Wvcenv Enrvkrakv a-enkvpvken cvtoknawv cokpe rvkko cokpe osten Este Maskoke Etvlwvn enheckoecvkvren ohhecicet os, mv mome vtotkakat enfeketv ra-ohhvpvke feketv enhcckvkekares, momet heyv vtoketv vtotkakof tat Este Maskoke entvleme a-osse senfeketv setenfvtce emvnicv pvlvkekares.

SET. 4. Ohhvtvlake vhakv hakat: Ahakv omvlke tot monkat vhakv vpvlwoseto estomis heyv vhakv emvheckv emetetakoecvkvte ocaken vnrvpoecvket sasen omat hiyomat enyekce sekot haket os.

Ehole ent. 21, 1895.

Este Maskoke Tvlwv Vlke Nvkafte vhakv hayat: Kvntvckv Ohhvketecvlke enwiketv haye Otvoskv Rvkko ennetta 30 ohrolope 1894 omof ohhvkvsvmkv hakvte vhakv eslikat semvhericat: Setentvcke 4 ofv cvpofv ohhvtotkvlke maket oponvkv svlicehcet, momet hvse vrahkv kvnsatkv hokkolen ohfeket omvres make remeyoksice oponvkv ocan vslehcet vyoposken.

Vtotkocvlke, cvpof palvlke, monkat cvpofv ohhvtotkvlke, monkat esnesvlke pvlhoye sasat, monkat Ohrolope vrahkv eohfeke esnesvlke essvpvklakate vtotkalke remetvkv pvle svsecakat omakat hvse vrahkv kvnsatkv (50) hokkolen, momet coko hayvlke totke hotte hayvlke omakat hvse vrahkv ($1.00) cvtoknawv hvmken e-ohfekaket omvres maken hayet os.

Ehole 26, 1895, Ohhvkvsvmkv hakel os.

Este Maskoke Tvlwv Vlke Nvkafte vhakv hayat: Este estomet monkat este estomvket sokhv hvte elecvkvten ekv entvcken monkat sokhv mv momate emvkerkv emvhopvnetv esvrahkv ehvcko emvyvmahket esaresasen monkat esfollesasen eshechoyet on omat; monkat este estomet wakv emvpeswvn hate elehocet os komhoye taye enheckvn esaren este estomet eshecet omet ohhvketecetvn komet empohet omaten mv wakv hvrpe ohhvketehocvre svrahkv astenheckoecekot monkat astenhechoecetvn eyacekon omat—mv este momat monkat mv este momakat vhahv kacvt monkat vhakv kacvlket hvlvtket omvres horkopkv esvrahkvn—momen ohfatcet on omat horkopv vhakv svfvstetv emetetakoecvkvte ocat etvwvn esvfvshotet omvres.

Ohhvtvlake vhakv hakat: Este estomet este etv estomen sokhv hvmkoset monkat sokhv vnvcometis monkat wakv emvpeswv etemvpoketot monkot wakv vpeswv vpvlwosetis heyv enhomv setentvcke hvmke ocat ofv estome makate omen esaret monkat esfollesasen eshecet on omat, mv estet Corrvkkohkakv emvwolice likan mv nake mohmeto ocat vhvmkocvn enkerkoecet omvres, momis vhvmkocvn Corvkkohkakvn heceko tayen omat, mv estetat emvnicv este hvmkosen monkat este ensolke estomomosat tetayen vmvnice tayes emet komen omat emvnicv ohhohiket vhvmkocvn mv sokhvtot monkot wakvtatew ohhvketeckv hayvre emvtotketvt, omvres momen mv mome ohhvketehocaten esohfvtcecvke taye asfvtceckv oricet hecket on omat —mv estet mv naorketv haketo ocate kvntvckv ofv Vhakv' mvnicvn mv naorhokan enkerkoecet omvres.

Momen ohhvtvlake vhakv hakat heyv onvpv vhakvn kvcesasen senfvtcehocet omaten mv sokhvtot monkot wakvtatew epocaset kerkekot on omat Fvtcecvt mv sokhvtot monkot wakv tatew enrahkv hahyet mv enrahkv hayatet mv este ohfvcieye hoeran feyihcet mv ohfvtcehocofv akerrvlke ohfvtcece sehokaten mv enrahkv momat ohrvkpvlvren Corvkkohkakvn Fvtcecvt ohtotet omvres.

Ehole ennetta 26, 1895, Ohvkvsvmkv haket os.

SVLVFKE AENSEHOKV SEMVHERICAT.

Este Maskoke Tvlwv Vlke Nvkafte vhakv hayat: Este Maskoke emvhakv ohrolope 1894 omof svnoricvkvte cokv etorofv emvhvnkvtkv 45 setentvcke emvhvnhvtkv 140 ofv oponvkv eslikat semvhericat "netta pale hokkolat aemofv" make ocan ossihcet "netta cahkepat aemofvn" maken vyoposke hayet os.

Ehole ennetta 29, 1895, Ohhvkvsvmkv haket os.

Este Maskoke Tvlwv Vlke Nvkafte Vkerrickv hayat: Hopoetake hvte heckvkeko emonken enhocefhokvn este vhvnkvtkvn ohhvpvyvkhoyvte ont omekv, Etvlwv mvrahrvkv Encokovtehkvlket este-hocefhokv mv momakaten este-vhvnkvtkv svrahrvkvn esossicvres.

Ehole ennetta 30, 1895, Ohhvkvsvmkv haket os.

Este Maskoke Tvlwv Vlke Nvkafte vhakv hayat: Lekvs Pimvn enwiketv esvfekhonnihohcofv enyopv-monkat Kvco Hvse 1895 vteke vtecicat cvtonap escvwkv sossicvte vtekat omvlkvt enhvperkvt omet estomeckv tokot omvres momen Cvtoknap vfastvtat heyv onvpv cvtoknap escvwkv hocefate omakat estomis ohfekekaren ohhecicet enkerkoecet os.

Rvfo Rvkko 4, 1895, Ohhvkvsamet os.

Tvlwv Vlke Nvkaftat coko metenrv-en Kvmette Vkerrickv hayat: Kvco Hvse ennetta 8 momet Otvoskoce ennetta 24, 1895, emetoh-hetenrvwv hopoetake heckakvte vtekat momen este vhvnkvtkv espoke hahoyvte omofv svhvnkvteko wihokvte tvsekiyv sasat vtekat hiyome ekv feketv hakvte ocaten estvpvket enheckvkepvren hiyomat hayet os.

Rvffo Rokko ennetta 4, 1895, Ohhvkvsamet os.

Este Maskoke Tvlwv Vlke Nvkafte Vkerrickv hayat: Tvlwv Vlke Encvtoknap vfastvn enkerkoecet ohhecicet os cvtoknap escvwkv emvhvnkvtkv 8250 vteke vyecice 8291 erorat momet 8291 erohrafke 8316 eroraten ohfekekares, momis estimvt sossicet omet mont estimvn semossicet omhoyvten kerrvke tayen omat mvn kerretv komvres momet Tvlwv vlke Emmekkon enkerkoecvres.

Rvfo Rvkko ent. 13, 1895, Ohhvkvsvmkv haket os.

CVTOKNAWV $400,000 00 WIEYE, VKOEYE, ESLENWIKETV.

Este Maskoke Tvlwv Vlke Nvkafte vhakv hayat: Cvtoknawv $400,000.00 Oklvhomv wiehoye feketv heckvte Wvcenv Enrvkrakv enlicate a ossen momet Rvfo Cose enhvtecesko 1896 vteke ohhontv hake vyvranat svpvken eswieyet, estohrakpalet, estenwikvren Wvcenv Tvlwv Vlke Nvkvftatet Este Maskoke Etvlwvn Yekcetvn emvren empohet os, momet mv ecke-mahhe cvtoknawv $400,000.00 makat mv Rvfo Cose ennetta enhvteceskv 1896 makat vteke ayat ohrolope pale hokkolan asenyopvklvtkekon vfeket omvret hayet omvren.

Ohhvtvlake vhakv hayat: Heyv vhakv enhvteceskv eslikat esohfvcecetv vrahkv Este Maskoke Etvlwvt nake momvrtayat estvmvn vteken naken momece tayeto vtekat mv cvtoknawv estohrvkpale Este Maskoke Etvlwv estenwikvre vrahkv Tvlekesvlke momecvren yekcetv emet os, momet mv cvtoknawv Este Maskoke Etvlwv vrahkvn enlihocen hayet omen vpohkvw hayepe taye emetetokoecet omvres, momen nake estomen mv Tvlekesvlke heyv yekcetv enheckate vcvkkvye momecakat emeenakoecet Este Maskoke Etvlwv vrahkv yekcetv ocvket os kometvt os.

Rvfo Rvkko ent. 13, 1895, Ohhvkvsvmkv haket os.

ETVLWV VYVMAHKV.

Este Maskoke Tvlwv Vlke Nvkafte vhakv hayat: Etenfvtcetv ohrolope 1856 omof hakvte eslike 15 vcvkkvye tokot momet Este Maskoke Etvlwv Pvmetkv emvhakv vcvkkvye toko, pon-tvsekiyv toko Este Maskoke Etvlwv emofv ohhvpopokat hiyomat omvlkvt Etvlwv vyvmahkvt os kometvt haketos—momen Tvlwv vlke Emmekkot, Estecatvke emestvcakot asemvnicen naken estvmvn vteken esevnicvke tayat momecet mv Etvlwv vyvmahkvlke Este Maskoke Emetvlwvn esossicvren yekcetv emet emvcahnet os.

Ohhvtvlake vhakv hakat: Kvntvckv ohhvketecvlket emekvn-tvckv svrahrvkvt este Etenfvtcetv vcvkvyeko momet Este Maskoke Pvmetkv emvhakv ocat vcvkvyeko vpopokat enhocefhokvn, estvmvn vpopoket mont nanvket emvtotketot omakatew eskerkvken Tvlwv Vlke Emmekkon esohrvkpvlvkvres.

Ohhvtvlake vhakv hakat: Hiyomat cvtoknawv cokpe rvkko ($3,000.00) totcenen fiyecihcet Tvlwv vlke Emmekkot estomecet celaye tayat momece tayen licet os—momet ohrolope 1896 Otvoskv Rvkko Tvlwv vlke Nvkaftof mv cvtoknawv emvhvnkvtkv momat, estomecet naken esohyvmahkoecvte eskerkvken enkerkoecvres--hiomat Tvlwv vlke Emmekkoton omat heyv onvpv cvtoknawv emvhvnkvtkv okat aossen cvtoknawv cokpe rvkko ($1,000.00) hvmkat senhoyvnekon cvtoknap escvwkvn sossicvren yekcetv emet os mohmen mvn sossice pohyof enyopvmv cvtonawv fiyecicvkvte ervhoske likat heyv vhakv emvheckv esohfvcecetv esvrahkv cvtoknap escvwkv mvw esossicvke tayet os emet kon omat emvkerrickv vcvkvyen momece tayet omvres.

Rvfo Rvko ent. 18, 1895.